Mar Becker

SAL

ASSÍRIO & ALVIM

Título: *Sal*
© 2022, Mar Becker

1ª. Edição, 2022

Supervisão de arte: Carlos Renato

Revisão de texto: Alessandro Thomé

Imagem da capa: Carolina Krieger

Dados Internacionais de Catalogação na Publicação (CIP)
(Câmara Brasileira do Livro, SP, Brasil)

Becker, Mar
Sal / Mar Becker. - 1. ed. - São Paulo:
Autores e ideias: Assírio & Alvim, 2022.
ISBN 978-65-84832-05-3

1. Poesia brasileira I. Título.
22-121706   CDD-B869.1

Índices para catálogo sistemático:
1. Poesia : Literatura brasileira B869.1
Aline Graziele Benitez - Bibliotecária - CRB-1/3129

Todos os direitos reservados. Nenhuma parte desta publicação poderá ser reproduzida por qualquer meio ou forma sem prévia autorização de Autores e Ideias Editora Ltda. A violação dos direitos autorais é crime estabelecido na Lei nº 9.610/98 e punido pelo artigo 184 do Código Penal.

ASSÍRIO & ALVIM é um selo editorial publicado no Brasil pela Autores e Ideias Editora Ltda. sob licença da Porto Editora S.A.

São Paulo, SP
Contato: assirioealvimbrasil@gmail.com
@assiriobr
www.assirio.com.br

SAL

Alguém entrou na memória branca.

Antonio Gamoneda

SUMÁRIO

prefácio – morar no amor, 7

à beira, 13

fugas, 31

cinco lições de amor, 39

foz, 45

serra sem fim, 51

laguna vermelha, 57

queimar pela água, 61

annes, 65

villa epecuén, 75

guardados da casa longa, 79

manoela, 91

pequeno hinário para corpos em desalinho, 97

diário doméstico, 107

a uma menina não nascida, 115

ensaio em poema (ao olhar para trás), 119

tornar o amor uma casa, 131

posfácio – evânica: a língua e o mundo de Mar Becker, 135

PREFÁCIO

Morar no amor

O sal perpassa olhos, língua, coxas e cada dobra de um corpo fêmeo, amando "em desabrigo", mesmo que amar seja "voltar-se a uma cidade incendiada" (a que queima nas retinas da mulher de Lot). Uma mulher sem nome e sem rosto é ao mesmo tempo todas as mulheres e cada uma: a mulher de Lot, que se transmuta nas que habitam a Vila Annes; as mulheres de Passo Fundo, aquelas que, na casa, vivem e andam paradas.

Quando "o fogo se extinguiu", restou-lhe "o sentimento diluvial" das manequins, paradas no meio do caminho, também elas como estátuas de sal. Ter vindo de mãe costureira trouxe a Mar Becker seu aporte quiromante. Vê-la imóvel, "vê-la assim, suspensa no mundo por fios como tentáculos saídos das mãos, extensão de seus dedos, de sua vascularidade". Foi a própria poeta quem me disse que essa imagem forma um núcleo nodoso de sua cinemática doméstica, de sua íntima filmografia.

Como se o amor viesse dissolver o sal para fazer cessar de morrer uma mulher, para trazê-la viva, dar-lhe corpo. "Alguém entrou na memória branca", traz a epígrafe deste livro, em menção a Antonio Gamoneda.

Temos aqui a gênese inteira encerrada no exíguo espaço da casa. O infinito consubstanciado num ínfimo grão de sal. Esse grão de sal é uma partícula de carbono, onde amor, corpo e casa se trespassam. O corpo-casa passa então a morar no amor.

Em *Sal*, é ele que a poeta habita: o amor. E não se trata aqui do amor como experiência ou sentimento. Mar Becker lhe confere um estatuto inaudito: amor é lugar.

Sal é uma espécie de liturgia delicadamente extraída do ínfimo. As contas do terço são a própria feitura destes versos, cerzidos na trama do amor derruído, no rastilho de voz, quando já não se crê. Liturgia urdida da forja do trabalho da linguagem pela própria linguagem, no ato mesmo de cingi-la, torcê-la e retorcê-la, até "curar-se de uma língua assim: dizendo palavras".

Na poesia de Mar Becker, amor e gozo estão em continuidade, assim como devastação e fruição. Fim e origem são feitos dos mesmos fios. Em *A mulher submersa*, livro de estreia da poeta, esses fios de cabelo vêm de Alfonsina, de Virginia, de Safo – e no mar fundam "uma nova galeria de algas". Em *Sal*, surgem enleados a um véu d'água de arroz, que sobe em fervura na panela; dão continuidade às cenas de serra sem fim, participam da névoa do banho de duas irmãs. Num dos poemas deste livro, descobrimos uma estranha claridade que emana das mechas, cascateando pela nuca uma constelação de lêndeas alvíssimas, sempre muitas, reluzindo do fundo escuro. No outro, vemos um coque despencando enquanto o corpo se liquefaz – "derretendo-se aos poucos, o cabelo primeiro".

Se a poesia de Mar Becker parece especialmente propícia a dizer o íntimo, é por permitir denotar o que nos aproxima dos limites do dizível como notação do fato de que a língua escapa à linguagem. Qual palavra imantada no gozo do corpo, o poema vem fisgar aquilo que beira o inominável. As múltiplas inflexões entre o que se experimenta dentro (no) e fora do corpo moldam-se em intrincada topologia, forjando-se como uma espécie de torcedura entre morte e vida. Ao perturbar essa oposição fundadora, sua escrita firma-se como um terceiro estado da existência, ainda não nomeado, assombrosamente transmutado em poema.

É uma poética que atinge o corpo de quem lê como fruição, êxtase, fulgor, mas também tormento, estranheza, íncubo, e certo entorpecimento diante do ponto abissal a partir do qual o poema urge, derrama-se ou vocifera. Tais manifestações apontam à incandescência de outro gozo, sendo o recurso à poesia uma tentativa de fixá-lo, ainda que por um ínfimo instante, concedendo-lhe algum abrigo, por fugaz que seja.

Poesia espraiando-se a partir da contiguidade entre erotismo, vida e morte, que no limite choca-se com a pungência de um corpo desejante. Aparelhados no poema, lirismo e erotismo capturam o excessivo desse gozo que o corpo não é capaz de abarcar. Ranhura de vida rasgando espessura de morte, em escrita tão laboriosa quanto arrebatadora. Arrolando-se rente ao impossível de se escrever, lança o leitor numa espécie de vazio lacunar, fazendo-se marca indelével, qual seja, a de "amar uma palavra pelo que nela se apaga".

Lucíola Macêdo

à beira

em desabrigo venho

compreendo o frio e o cerco de aleluias nas mãos

poderia dizer que amo teu nome à boca

poderia falar das vezes em que chega a manhã

e eu o procuro

e faço dele a primeira palavra tocada

mas não. o que digo é que no amor tudo nasce frágil

que há manhãs em que me vejo à beira do teu nome

e não sou capaz de feri-lo

com a voz

.

sal de minha língua:

mar derruído na palavra

extravio de joias no meu vocabulário magro

amo-te a esta hora fragilíssima do dia

na divisa entre a noite e a manhã

quando algo do escuro ainda se alonga na luz

quando cada palavra dita ainda guarda

toda a língua

diz-se que entre o fim da noite e o começo da manhã as cidades
silenciam quase por inteiro

(dentro, as casas seguem imóveis

fora, as aves do sono já pararam de cantar, e as da vigília ainda
não começaram)

nesse tempo – as gargantas todas mortas

podes dar nome ao amor

meus pelos tocados, obscuro musgo. parecem ter crescido pelas
leis da umidade da casa de onde vim. rude herbário de carvão –
o púbis

e num rumor de água salobra algo de mim que tu ouves como
uma notícia muito antiga

o corpo onde amo é o corpo onde falto

em mim a vilania da casa de mulheres quer-se confiada à mudez
deste modo: como o que se entrega em mãos

por quatro meses a filha de jefté vagou

as mulheres de gileade seguiram-na em cortejo, e mesmo

daquelas que não choravam

delas descia a água pelos tornozelos

pelos pés

– se cada passo se pudesse ouvir

se ouviria que diziam à terra: "aqui, nenhum fruto"

.

olhar para trás –

teu rosto ido

as retinas enquanto ainda queimam

(antes que eu seja pedra

estátua de sal

mulher de lot)

.

amar é voltar-se a uma cidade incendiada

porque tantos sonham paragens

sonha-me tu movediça

porque tantos vêm por terra

vem tu como se por mar

e porque também o mar não se alcança de todo, busca-me sem
esperança

busca-me, simplesmente

(como quem descobrisse nácar

no sal dos meus olhos)

.

sou uma cidade submersa

quando à noite me deito contigo e me torno tua

pela manhá sou uma cidade submersa

porque é assim que amo – tardia, vasta

porque náo posso amar senáo tocada pelo fim de uma linhagem,
estéril que sou

.

e quando pela manhá tu vais embora

e eu permaneço na cama

quando a luz começa a entrar pela janela e invade o quarto

nessa hora o suor se reacende

o sal cintila em minhas coxas

e eu, estéril

eu entáo sou uma mulher estéril repleta de estrelas

de constelações

do desejo, conhecerás já árida

a água

do dilúvio, o desterro

se tocares no vale escuro

de uma clavícula recém-beijada, vê

como nesse instante se descobre na sombra mesma

um sol sem vísceras

toda a história do amor:

acordar ao teu lado

de bruços

a penugem das costas, em remoinho

(e uma ave nascida no meio das hastes

das duas pontas

de faca

das omoplatas)

fugas

.

todo vocabulário que erguemos para amar guarda uma cesura

.

(quando digo que amo, quero calar)

compreender o amor como uma espécie de

história da barbárie contada

aos sussurros

.

amar em tuas mãos o que se cala

amá-las no que guardam de retiro, de pássaro cifrado

rastro

.

em tua boca, amar o que se ausenta

a sombra do meu desejo no teu, devorada

as palavras ditas no escuro

.

em cada arco, esta água que escapa

em cada curva, em cada rasante

um regresso

amar tua voz no inaudível da tua voz –

um fio de ar

em dezenas de milhões de anos, o fogo se consome numa estrela
de porte

em oito horas, uma vida inteira se vai na flor do mandacaru

duas linhas de tempo

uma, do imenso

a outra, do ínfimo

(mas nada impede que uma hora

um dia qualquer, elas de repente se cruzem e narrem juntas

a história da dissolução)

e eu direi que de quando em quando

mesmo as maiores coisas

são tocadas

pelas pequenas

direi que as palavras que conheço, em língua tão antiga

mesmo elas se calam neste segundo jovem

em que percorro teu nome

.

ouvir glenn gould até aprender como funciona um piano por dentro

até inferir os martelos, até compreender o significado

da expressão

"cordas percutidas"

ouvir glenn gould até se dar conta de que um pianista

tudo o que ele precisa são mãos

silenciosas

quase inexistentes

mãos que nos protejam do risco

de lembrar que o piano é em certo sentido

uma caixa que percute –

como o peito

ouvir glenn gould até reconhecer quando

qual gesto faz um piano inteiro dissolver-se

em poucos acordes

ouvi-lo até poder dispensar

os ouvidos

o corpo

até que nenhuma fronteira mais

separe isto que em mim

pulsa

disto que em mim

ama

cinco lições de amor

a primeira lição de amor veio quando vi minha irmã dormindo

a boca inchada de sono, entreaberta, e o ar através. a ideia de
uma ferida que não cicatriza

.

a segunda lição de amor, aprendi-a com uma planta específica.
o artigo falava de certa flor que repele o toque, e pensei nela
entranhando-se, de modo a compor no movimento mesmo uma
nova ordem de vísceras

.

a terceira lição de amor nasceu da boca da mãe

melhor não deixar serviço pro dia seguinte, ela dizia; melhor
não ir pro quarto dormir com a cozinha suja

não deixar louça por lavar, resto de nescau nos copos, farelo
espalhado pela mesa. tu e tua irmã, também as frutas vocês es-
condam sempre, cubram com um pano de prato, ponham na

geladeira. tem que cuidar, que de madrugada os espíritos vagam com fome, e aí até uma sobra de doce de abóbora na lâmina da faca pode chamá-los a entrar e comer

essa história a gente ouvia ser contada de muitos jeitos, e eu toda vez reagia com algum espanto. não porque acreditava, isso não, a mãe falava por bobagem, queria a cozinha em ordem, ponto, mas

só o fato de imaginar, conceber que, mesmo corpos leves como o ar, fantasmáticos

mesmo eles poderiam ter algo de rente à ternura rastejeira das ratas, compartilhando com elas igual método na busca

de um fio de vida

.

a quarta lição de amor, quando me percebi no hábito de erguer corpos débeis à luz:

no café, um plano de água e sal diante dos olhos – a cream cracker vazada, prismada pelo amanhecer

a quinta lição de amor

quando saí de um banho certa vez, nessa época no começo da
anorexia, aos quinze anos

o cabelo preso, não tinha lavado. uma e outra mecha caindo no
pescoço, e entre elas ramos azuis, esses tingidos na noite ante-
rior, com papel crepom. eu diante do espelho

e os fios em metileno escorrendo por finíssimos veios d'água. no
colo, um pouco acima dos seios, a trama de tentáculos

(mulher inteira coberta pelo sonho daquela medusa a que cha-
mam "imortal")

foz

.

assim minha vida queima: desterrada

ave cardíaca, primeiro fogo, assim tu queimas

.

tatear tudo à beira, costear a comarca dessa febre: assim levo a mudez nas mãos, recolhida em si – como lugar onde adoece a foz dos gerânios

.

errar pelo caminho

cumprir-me a mim mesma como extravio

aquela que tem sede vai seguida de um cortejo, e não se vê que
animais a cercam, que matilha se eriça

.

(o amor tem me feito irmã de perigos tão delicados)

.

uma canção derruída: essa é toda a notícia que há do fogo

.

assim tu queimas, meu coração –
ave do meu sangue

curar-se de uma língua assim: dizendo palavras. como o coração
se cura de um sopro de nascença enquanto sangra

serra sem fim

.

a mulher nascida na serra sem fim se levanta

os fios do seu cabelo amanhecem úmidos, de terem sido lavados
muito tarde ontem. sente o assoalho –

a planta dos pés da mulher da serra sem fim é áspera, porque ela
vive caminhando no chão de pedra do quintal de casa

estende roupa. nos fins de semana come uva colhida de uma
parreira tímida, e os frutos são miúdos, quase não vingam. nem
se sabe por que há famílias que insistem no cultivo

(são famílias tristes. há todo um reino de azuis em jogo)

.

ela se olha no espelho. tira a calcinha, que é velha
(sei que é velha porque não a imagino em cor viva, as lavagens já
foram muitas, desbotaram-na)

dorme de bruços, a mulher da serra sem fim. as pernas semia-
bertas, imóveis, numa geometria em que poderíamos vislumbrar
o ângulo do telhado da casa. chegando a noite, acorda, levanta-
-se, anda em silêncio pelo corredor, pela sala

.

é sempre no banheiro que ela lava a calcinha, e no vapor se res-
gata o único mar possível nesse lugar – eu o nomeio "desolação"

(a certa altura nenhum limite mais separa a névoa própria da
respiração e a do banho)

.

por vezes uma pássara prenha entra num dos vãos do beiral
do telhado. constrói ninho, se instala, põe ovos. em fevereiro e
março, no período das chuvas mais intensas, é comum que um
filhote caia – recém-nascido, roxo; sem penas, só cabeça e bico

nem chega a ser percebido dia seguinte, esse serzinho. no chão,
confunde-se com as cascas de uva comida e é varrido junto,
termina amontoado no canto num mesmo entulho. quem vê os
tons de púrpura e podrume assim mesclados compreende que a
serra se ergue inteira

num mesmo ímpeto de tinturaria
(tudo é cadáver, vindima e fome)

no banho, a mulher da serra sem fim esfrega a
calcinha, suja de sêmen
poderia imaginar que a água carrega tudo pelo ralo

mas não; como o álcool, esse leite assume um fundo volátil, que
se dissipa, anuviado

ao fim, respira. e sente como se aquele que há pouco lhe pene-
trou o sexo estivesse agora alcançando-a nos alvéolos

.

depois, com a toalha enrolada no cabelo, como um animal
inaudito – uma espécie mítica, meio mulher, meio rinoceronte,
um corno imenso no centro da cabeça

vai caminhando e abre a porta de acesso aos fundos. toma um
prendedor do cesto, e, de pés descalços, ainda morna e predató-
ria, pendura a calcinha no varal

.

pernoitam e amanhecem nos varais, as calcinhas. e as mulheres
recolhem-nas perto do meio-dia, depois do período do vapor
vestem-nas. passam a tarde com elas

à noite surgem nuas, e os homens amam-nas e dizem que seus
grandes lábios cheiram a cerração

pela manhã, o sol aparece aos poucos. com seus cabelos volumosos, ondulados, as mulheres mimetizam em menor escala a cena da travessia da claridade nas copas das árvores

a cerração por si imanta os quartos, os móveis e as cortinas, e os mortos participam do processo todo, difundidos no espaço

(de fora, a certa distância a casa nessas manhãs mal pode ser vista. o contorno dos telhados e das chaminés se perde)

.

na casa, outra casa é mantida, muda. em ruínas

laguna vermelha

.

os mais novos partem para cidades maiores, os mais velhos
ficam. neles a cidade se ergue longa, em mirações calvas e bocas
roídas por canções sem batismo

.

as mulheres entram na menopausa com estranhamento. não
porque param de sangrar, mas porque essa interrupção vem
vacilante no começo, e quando elas menos esperam desce-lhes
um vermelho gago, inabordável. sentem-se meninas de novo: o
susto é aquele antigo, da menarca, e cruza com o perigo de não
terem outra vez nenhum absorvente à mão, "e agora?". sentem-
-se meninas, deliram-se em corpo e sexo de meninas

(e por isso se assustam quando, no banheiro, no abaixar a cabeça
para ver, a cena lhes devolve um ângulo de coxas flácidas)

.

ainda em delírio, antes de caírem em si, de recobrarem a cons-
ciência e voltarem à linha cronológica normal, antes elas se
demoram lá atrás e passam alguns segundos deslocadas. nesse

pouco tempo, creem inabalavelmente que são meninas, e se
precisassem explicar por que no entanto os olhos testemunham
corpos envelhecidos e penugem agrisalhada diriam algum horror
qualquer, como o de que

pode haver sim mocinhas de treze anos estranhas, estranhíssimas –
em tenra idade ostentam vulvas assim, já tão delicadamente

frias

queimar pela água

uma cidade só se revela verdadeiramente depois da chuva

.

em passo fundo, as ruas e avenidas se tornam outras depois de tocadas pela água. é como se sugerissem desvios, como se abrisse na cidade outra cidade

outra malha de rumos, e aí não importam as direções que tomamos – todas elas desembocam num ponto cego do mapa

.

o carro que desde ontem vinha estacionado na esquina, já não o vejo. do que restou dele, reparo na delicadíssima película de óleo cobrindo uma poça d'água

é uma cena breve, mas revela que os espelhos do mundo se sustentam no fio entre a malignidade e um fulgor aquarelado

o último arco-íris
a única aliança possível

(queimar pela água a gordura de noé)

.

também as aves reaparecem depois da chuva

(as pombas, que são a pior das pragas de passo fundo. a "praça
da cuia", como foi apelidada, não há quem cruze por ela sem ter
medo de adoecer no caminho, assistindo ao cinza variar até o
multicolor metálico, numa revoada)

.

a catedral fica em frente, e é curioso, eu a vejo ainda como
se parada no meu olhar de vinte e dois anos, ainda deslocada
nesse tempo, na época em que o sino tocava à noite, de meia
em meia hora

poucos meses depois o seu evaldo faria um abaixo-assinado pe-
dindo o fim das badaladas. dizia que acordava, que tinha insô-
nia, que outros no bairro talvez tivessem insônia

e aconteceu, os sinos pararam. uma pena: as mulheres à volta
gostavam que o som lhes acompanhasse nos seus gemidos de
atriz, no guinchar dos agudos, num e outro orgasmo falso

annes

I

num dia, as janelas se erguem – descomunais. parecem imensas
quando amanhecem embaçadas

.

o fogo se extinguiu há tempo, e o que resiste agora é esta paixão
sem pele

.

passo fundo, vila annes:

bem cedo da manhá, éramos nós irmás e a máe circulando pela
casa; a hora alta, e as feições surgiam avulsas, ainda enormes de
sono

.

até o ponto de adoecê-las: assim olhar as coisas

morar é questão de se tornar uma mulher cega entre outras mulheres cegas, e com elas ir tateando o ar

II

entre o término de agosto e parte de setembro vivíamos o período úmido. eram dias de chuva finíssima, que se alongavam numa semana, às vezes duas, até quatro, continuamente. íamos sendo mudadas pela exposição a essa água em forma de garoa, e a mansidão desse período, nós a partir de uma altura começávamos a estranhá-la. lá pelo décimo dia, a casa já havia entorpecido, já não a reconhecíamos mais

.

(no limite, passávamos a sentir medo de que a primavera não fosse vingar a tempo. antes disso, a água avançaria, desceria às raízes, apodreceria boa parte dos bulbos. se chegasse a irromper, e chegaria, seria outra primavera, erguida magra, aleijada)

III

também nesses dias de garoa a roupa pra lavar se acumulava. tínhamos por hábito esperar que fossem quando muito duas semanas, um erro. (a água é traíra, e a água que se afeiçoa à

lentidão mais ainda). quase todo ano a umidade se estendia ao
insuportável, e o cesto começava a transbordar no banheiro e
nos víamos de uma hora pra outra sem ter o que vestir de limpo,
o guarda-roupa vazio

aí nascia entre nós uma rotina de reúso. era tão asquerosa
quanto arrogante, rude – as duas coisas juntas. consistia em dei-
xar as peças usadas respirando à noite, penduradas pelo quarto,
e depois vesti-las novamente na manhã seguinte. isso com todas
elas, inclusive as calcinhas. dormíamos sem nada, e quando
íamos pôr outra vez as calcinhas o muco já havia ressecado nos
fundilhos –

era uma crosta então, árida crosta de meninas

IV

(na casa, vivem as tais mulheres paradas, que andam paradas;
nesse mundo, andar é só outra performance da imobilidade)

V

digo que aquela era nossa porção do dilúvio – mesmo que pare-
cesse inofensiva, só uma garoa. quem disse que o dilúvio precisa
fazer alarde? acho a propósito que esses aquietados perigam mais

fundo, porque tendem a se alongar e se infiltram, prometem a alegria da incivilidade, vêm chancelados pela ideia de se poder faltar a dias seguidos de aula, riso e cheiro de sopa, riso e janelas embaçadas, estar inoticiável –

"ninguém nos alcançará": a correspondência, posta por baixo da porta; o ímã da liquigás, grudado na maçaneta. "ninguém avançará porta adentro, somos inalcançáveis"

VI

no fim, esse sentimento diluvial era também o que nos conduzia a lavar roupa, porque não dava pra ficar à espera, "não terminará logo". ia então toda a roupa suja acumulada num só dia: bater quatro maquinadas, da manhã à noite, e estender distribuindo uma boa quantidade de peças pela própria casa, já que não havia varal o suficiente

.

que visão aquela, que tínhamos da sala no dia depois. as calças de moletinho penduradas nas quinas das estantes. as blusas nos encostos das cadeiras, em torno da mesa de jantar (onde aliás não se janta nunca, não tem essa serventia em casa de gente como a nossa). os sutiãs e as calcinhas pendendo dos puxadores das janelas, das maçanetas das portas, caindo-imóveis-dos-braços-do-sofá

havia todo um alongar-se nos sutiãs quando os víamos na sala
dispostos assim; os meus e os de minha irmã especialmente, por-
que nem bojo tinham

que ímpeto de esgarçamento se abatia na casa; descobrir
esses animais compridos

VII

até que tudo secasse, convivíamos com essas peças, caminháva-
mos no meio delas

com a passagem dos dias se tornavam figuras pausadas de te-
cido, e nisso cruzavam em mim com as visões da edícula, os
guardados de uma antiga loja de confecções da mãe. eu chegava
a ir até lá outra vez, via as manequins, sem uso. nunca mudavam
em nada no resto do ano, mas em setembro surgiam aos meus
olhos sugerindo que talvez já tivessem sido outra coisa, gente
como nós, mulheres. poderiam ter sido mulheres de carne e
ossos, vivas, numa casa viva e igual à nossa

quem sabe a edícula já tivesse sido ela mesma uma moradia e
agora era isto

lugar de presságio, que dizia o que nos esperava dentro de pouco
tempo, o que viríamos a ser. como as manequins, nos conver-
teríamos em silhuetas paradas no meio do caminho, como elas
teríamos as pétalas lassas em cada olho

nossos dedos, dedos acrílicos detidos no ar

VIII

a essa luz, cultivei desde nova o amor

uma canção derruída: essa é toda a notícia que há do fogo

.

se adoeciam as meninas, era tempo de lhes pôr paninhos em-
bebidos com álcool nas axilas. na vila annes, baixava-se assim a
febre dos corpos mais pequenos da casa

o que arde dentro da garoa, o sal como conjuro. a cegueira, as
mãos

num dia as janelas se erguem, tudo é delírio

IX

na cozinha, éramos nós duas irmãs à volta

olhávamos então o rosto da mãe no meio da névoa que
subia, à fervura

.

ralo como água de arroz

o leite das mulheres

para a fome dos homens

villa epecuén

I

então o lago transbordou. rompeu a barreira de contenção e
inundou as ruas de villa epecuén. as casas ficaram submersas,
foram muitos dias debaixo daquelas águas corrosivas, que têm
dez vezes mais sal que o mar

assim que o nível foi baixando, veio a imagem: um lugar deso-
lado, imóvel. branco. ali, se vivessem mulheres, seriam tais que
as veríamos caminharem com os dedos tateando o ar, como se
cegas

II

(um balneário ao fundo

a vida suspensa numa garça impossível)

III

das peças íntimas que ficaram nos varais de villa epecuén – a
vasta cidade sem gente, tomada de sal –, dessas peças, as que

ao longo dos anos foram expostas a fortes rajadas de vento

essas compõem hoje uma nova espécie aérea

algo entre a ave e o grito

guardados da casa longa

as meninas da casa se inclinam sobre as janelas, nos parapeitos

e dormem

quem vê da rua, pensa que são as próprias janelas que estão
sonhando

e que sonhar é algo como o transbordamento

dos cabelos

enquanto o sono dorme longo nas meninas

são as mães que as vigiam e se curvam nas camas

são elas que lhes alagam o sexo em lágrimas muito salgadas –

lavam-lhes a primeira ramagem de pelos

.

como harpias, as mães querem sempre

carregar para o mar

são luares, são luas imensas erguendo cheias sobre

corpos tão pequenos

eu deitava a cabeça no colo da mãe, e a trança escorria num
castanho rastejeiro pelas coxas

ela desatava a ponta, as argolas desfeitas, uma a uma

eu era menina por onde a nuca cascateava fios repletos de
lêndeas. surgiam ínfimas, e teria sido impossível identificá-las se
não brilhassem à claridade –

refletiam sempre alguma luz cava, e disso depreendíamos
de todo fogo o afeiçoamento ao frio

a mãe nos meus cabelos, enovelada pelas mãos

subiam e desciam, as mãos dela, no gesto de puxar cada piolho
da raiz e espremer com as unhas dos polegares

eu era menina onde uma cena tinha janela para outra:

a imagem sem fim nem começo

cozer bonecas
costurar escalpos

ponto a ponto, mudamente

o gesto típico de costureira: fazer pender o pano com as mãos

erguê-lo acima da cabeça, segurando-o só com a ponta dos dedos. era a mãe no rosto atrás, no percorrer as divisas e medir só de olho a extensão de altura e largura

mãe como boca que dizia números, ilegíveis seus lábios no balbucio

a filha, que olhava

tardava até que os cobertores voltassem pro guarda-roupa:

nos primeiros dias de verão, por hábito
nós crianças ainda dormíamos com eles

.

de manhã os encontrávamos lá, amontoados ao pé das camas.
surgiam monstruosos nessa pose –
eram monstruosamente doces

(como tudo o que na casa cheira a suor
e sono de menina)

talvez fôssemos duas crianças velhas, eu e minha irmã. meninas
ainda, mas que camuflavam senhoras de idade, e bastava um
momento de desaviso (ângulo certo, adequada luz de cena), e
elas apareciam

durante o banho (tomamos banho juntas até uns sete anos), nos
olhávamos, já curvadas pela mornidão, as pontas dos dedinhos
rugosas

em certo momento a névoa se tornava espessa, e meu rosto
perdia o dela. o banheiro ia uns segundos suspenso em
cordames de voz

palavras ditas
risos

depois de repente voltavam a se topar, nossos olhos leitosos
de pequenas idosas

toda noite, uma oração antes de dormir –
assim havia ensinado a mãe. desse credo, ficaram as sobras

e penso que com sobras não se pode fazer liturgia em sentido
típico. seria preciso criar outra, com outros objetos

um terço feito por mim mesma, as contas como meus antigos
dentes de leite

entre as mãos, eu já velha
ostentaria ainda os escombros da menina

mãe, eu sabia quando tu vinhas no meu quarto, cedo da
manhã. vinhas sem fazer barulho, mas eu sabia – teus luares,
teus olhos vastos

galados pelo grande medo. é o terror de toda mãe, o de que a
certa altura o sono dos vivos e o dos mortos se confundam

(e então, à hora do angelus
uma menina morna possa se tornar fria
de súbito)

.

por isso vinhas, mãe
para pousar o dedo no meu peito e sentir o ir e o vir
da respiração, como em ondas

– e com meus poucos braços eu te carregava, como num barco

como se através de um corpo outro corpo pudesse mesmo fazer
a grande travessia com a pedra na boca

digo que é isto, que morremos eu e tu
que renascemos

no fundo, foram se dissolvendo, mútuas
elas duas:

a filha que tu foste
na filha que eu fui

manoela

.

que palavras

dizer, manoela, avó, que línguas me permitiriam dar voz a isto,
uma morta como tu? – que não cessou de ter fim

morta que se foi (que levaram) duas vezes, uma em vida, outra
em história

tu, que te manténs como lua aberta
e alucina cabelos

tentacular
hidra; água-viva espraiada em nevralgia

.

porque há tão pouco, nenhuma peça de roupa
nenhum rosto

nenhuma carta, nenhum caderno (não que eu saiba) que se
possa abrir, identificar a letra

por isso desde menina vejo minha mãe como a primeira mulher
da linhagem de mulheres da família. como eva
mãe, mulher vinda da ausência de outra, da ausência do enredo
de outra. mulher vinda de uma não-mulher

não-coxas, não-ventre
não-sexo

entranhada fêmea, movediça

em queda num poço. acho que emagreci para dizer de ti
fui à míngua e vi meus braços serem tomados por uma penugem
de garça mendiga

.

minha boca luminosa de dizer teu nome, manoela

teu fulgor de estrela a anos-luz

(digo que a história da mulher em mim é a história de um
corpo que falta, e essa falta se expande como o espaço,
incomensurável. ela é na verdade uma falta sem fim

nenhum objeto, nada que se possa tomar como circunscrição no
tempo e no espaço)

tu morres indefinidamente. sem rastro, sem vestígios

tu morres, e tua morte cresce – onipotente, onipresente
onisciente

a divindade, teu ponto antípoda: o exato oposto

(nomeio-te gárgula
palíndroma)

.

não posso olhar nos teus olhos sem risco de cegueira

eu ficaria cega de uma cegueira branca, aquela própria de gente
velha, eu seria encarnada a velha que tu não pudeste ser

aqui e agora, meus olhos leitosos de moça queimando os
incêndios da catarata, que, penso eu

teria sido teu mal aos oitenta anos, se tivesses chegado até aí

.

nomeio-te inacessível: como a divindade e a água salgada
nomeio-te vasta: vinda de quando o céu e o mar eram a
mesma voragem

pequeno hinário
para corpos em desalinho

.

os meses da minha insônia

.

a orgia cega das mosquinhas drosófilas em volta dos caquis, na cozinha de casa

.

o paciente novo do meu dentista, que não conheço nem de nome nem de rosto

(só pela história de um canino extra nascido no céu da boca – assim comentou a secretária, enquanto eu esperava atendimento)

.

a tal husky siberiana batizada "misha", que diz "i love you" com sua língua de uivos

o falatório dos bêbados na sete de setembro; as vidas cambalea-
das na sete de setembro

.

certa combinação de álcool e baixíssimas temperaturas, que
dizem teria levado à morte o teletubbie roxo

(desmaio seguido de hipotermia, numa rua da inglaterra)

.

no titanic, o cara que só se salvou porque horas antes havia
bebido uma garrafa inteira de uísque e se manteve quente, o que
vai no oposto do relato logo acima, mas

vá saber, cada boca acossa de um jeito
os beijos de deus

minhas mãos assim longas, erradias

.

diz-se que a humanidade se desenvolveu como tal pela simples existência de polegar opositor, capaz de operar em "pinça". essa especificidade anatômica teria servido de plataforma para boa parte do que se conhece como inteligência; estaria na base da linguagem e teria permitido o pacto civilizatório

.

no instagram, certa hashtag acumula vários cadastros com o mesmo erro de digitação. penso em como é curioso que haja toda uma família de pessoas assim, que compartilham de uma gestualidade de mãos consanguínea em falhas, e de que a partir disso seguem juntas pelo algoritmo

(em horda, no labirinto de mil espelhos estilhaçados de fotos de perfil)

.

repara nas mãos das meninas, as unhas geralmente feitas por elas
mesmas, em casa. as cutículas mal-acabadas, a carne viva exposta
nos cantos

elas avançam animalescas em torno do estojo de esmaltes das
mães. vão sempre em horda, mesmo quando estão sozinhas, e
com esse sentimento de levante se encorajam a pintar as unhas
de vermelho

– isso nem que seja só para ver como fica, algodão e acetona do
lado, caso seja preciso remover logo em seguida

(o fato é que buscam uma prática qualquer de suporte
para a operação de deságue do sangue; e, já que lhes
falta no corpo um lugar orgânico para isso, elas o instauram
artificialmente, na ponta dos dedos

pelo menos nesse período da vida íntima, quando ainda
não menstruam)

.

o resultado é um vermelho encarnado em mãos magrelinhas,
mirradas. não raro também sujas, porque

meninas ainda não têm aquela noção de civilidade que resulta
em assepsia

por isso nem percebem que sob o comprimento das unhas res-
tam partículas de terra

de casca e fibras de laranja
vestígios de gosma de geleca, a típica
textura anfíbia

sim, elas lavam as mãos depois, conforme o ensinado
mas não adianta

debaixo das unhas seguem como vermelhidão e podrume

nas unhas se revelam. nas unhas

vejo o sol sobre os pés de liana. a rasteirinha de tiras apertadas, e
na joanete os contornos de um sexto dedo

.

vejo dona tereza depois de fazer os pés no salão. volta pra
casa de havaianas

os tufos de algodão entre as fendas, como se para cada dedo
horrível nascido devesse vingar também um projeto de ínfima
flor branca

o que eu chamo de anjos são como que
as sombras que ninguém viu mas certamente
pousaram sim nas

flores na hora em que por costume frida tomando sol no
quintal

tocou-as com
seu pé-fantasma

para sentir o orvalho

ignorando por alguns segundos a perna
amputada

há um ano

diário doméstico

.

I

um calor insuportável em são paulo. a mãe comentou que em
passo fundo também. amanheci tomada de cravos, do queixo
ao nariz, (a base, dois em um, corretivo-base, e eu distribuo ta-
teando às cegas)

.

minha feição de manequim daquelas de loja de porta pra rua,
confecção de terceira linha

o rosto, nulo, expressividade nenhuma, (mas em cima um pro-
jeto dramático carregadíssimo, almodovariano, peruca em casta-
nho brilhante, boca acrílica vermelha)

.

de fato, assim diante do espelho maquiada e imóvel eu poderia
enganar bem: de longe, uma figura alta, nascida das grandes
paixões da museologia; de perto, a pele sarapicada, o surto de acne

nenhuma dúvida de que com esse engodo eu alcançaria algo
ainda mais tênue do que alcanço só com a cara lavada, algo de
mais
enigmático. talvez finalmente chegasse ao lugar entre febril e
fria, desejosa e erma

.

sem contar que estou no período fértil. meu luxo é este: mendi-
gar bebê

minha cena: armagedom de ovos de conserva em casebre de in-
terior

II

não tenho lavado o cabelo. tem mais de uma semana, tem quase
duas, acho. e se monto um coque – mesmo sem presilha, ele
permanece alto por uns quatro ou cinco pequenos e cuidadosos
passos desfilados antes de despencar

chego a imaginar que já fui monumento, figura estatuada, e
que agora por este período venho derretendo aos poucos, o
cabelo primeiro

depois também rosto, bolsas debaixo dos olhos, boca. gradativa-
mente me torno a réplica derretível de mim mesma, vivendo e
caminhando então naquilo que seria um museu de cera à beira

de se desfigurar. digamos: um museu de cera que deu errado, inaugurado nos trópicos, sob sol escaldante

III

minha solidão é um desfile de pequenos horrores enternecidos

IV

toda casa tem cômodos e cantos um pouco menos acessados que outros. aqui há um comprimento de corredor por onde quase ninguém caminha. digo "quase" porque a cada dois meses invento de passar uma vassoura por lá, pra não juntar teia. dá num quarto-depósito, sem uso. digo que para cada mulher que mora na casa mora também uma não-mulher, seu ponto antípoda; mulher-em-recusa; quarto-zero

são lugares de pouca claridade. quando acontece de bater luz, é só indiretamente, por algum reflexo no vidro de alguma janela. (para cada espelho, há um espelho sem substância, sem pele)

.

no caso de onde moro, esse fenômeno de chamuscamento acontece apenas entre janeiro e fevereiro, quando o sol encontra o ângulo, a linha exata. e acho que transitar

mais do que o devido por aí, por esses lugares, pode levar
a transeunte a adoecer daquela vasta e conhecida conspiração
do inanimado. a dizer de outro modo, a dona de casa pode
tornar-se imóvel, o que

não seria de todo mau:

em grande estilo, num fim de corredor, lá estaria eu – aquela à
qual todos estenderiam as mãos sem ter acesso. amélia, a inson-
dável. amélia, a mulher-em-falso, efígie inânime, intacta, mu-
seológica. o sorriso estático e os familiares a alguma distância,
para tirar foto

V

mesmo que as cenas se movessem, haveria nelas um sentido de
imobilidade. eu caminharia, imóvel

VI

tal como o vento e seus grãos de espelho moído trabalham na
casa o próprio erodir da casa, há em mim algo que trabalha o rosto
descarnado do rosto. nesse perigo, ele vem a subir avulso,
na superfície de qualquer fervura levantada

.

devoramo-nos mútuas, eu e a casa

não só em pensamento
mas em corpo, a casa engole-me as extremidades todas
o cabelo, as mãos e os braços, os pés e as pernas

eu a engulo também, aos poucos – torno-a minha

somos consanguíneas, eu e a casa

.

(o cílio que cai na panela e flutua na
água do arroz. procuro-o, e meus olhos refletidos
sem íris e sem pupila, completamente brancos
fora de mim, me olhando)

algumas mulheres adoecem do mal dos ralos

é uma enfermidade que acomete aquelas que
nunca saem de casa

ficam horas expostas à pia da cozinha, aos tanques de
lavar roupa, vendo a água descer no fim, em espiral

sabe-se delas que sonham com recorrência estarem
sob o domínio de um empuxo, de uma força de sucção
para dentro de si

quando se tocam
entranham-se

e gozam, rindo. roxas; engolindo-se, engolidas

a uma menina não nascida

acho que gostaria tanto de te ouvir com a mamadeira. não ver,
ouvir: sentar na cama e fechar os olhos

seguir o barulhinho de quando tua boca fosse vencida pelo
cansaço e parasse de sugar, e numa fresta o ar entrasse pelo
furo do bico

o leite rouco, o movimento da espuma

.

tua fome teria ruído; sempre essa rouquidão contínua de mar
mirrado, amendigado

.

"mãe empedrada" seria meu nome – estátua de sal. o rosto
virado para trás

.

eu às vezes acho que tua inexistência em mim é tal que tomou
forma

reconheço em meu rosto teu rosto
reconheço a flor de copo-de-leite crescida de nosso fundo
comum, pendendo

ao peso da chuva

.

da tua fabulada boca entreaberta emerge minha futura boca
idosa

(é um círculo concêntrico
amplia-se)

a água que partilhamos, fria
aqui de onde tão poucos ousam beber

ensaio em poema
(ao olhar para trás)

.

por uma poética do resto:

no quarto, as peças de roupa, as beiradas dos móveis, da cama.
os fios de cabelo no cháo do banheiro

(o banho como textura sem matéria
segunda pele, intáctil)

a garoa de rímel ressecado sobre a pia

.

vaguear pela casa, enquanto na cozinha os bifes de coxão mole
degelam e reabrem a laguna das lagunas, à travessa de vidro

.

o fogo, que aos poucos se extingue
as janelas, que amanhecem cegas

praticar na escritura mesma essa intimidade que dói, que se mistura com os corpos e só se permite dizer com um vocabulário em estado de desamparo

em mim escrever vai-se a rumo de um
perigo: ser conduzida pelo sussurro.
não sei se há imagem que testemunhe
do sussurro aquilo que sinto como
sendo sua convergência de pássaro
entre facas

amar um livro pelo que ele guarda de ilegível

amar uma palavra pelo que nela se apaga

a água nos litorais. os pés pela casa, as mulheres que andam imóveis. as banhistas de villa epecuén, a manhã vasta, tapada de sal. o salar de uyuni, que é o único ponto naturalmente luminoso que pode ser visto do espaço. a cidade queimando nas retinas da mulher de lot

.

em torno do fogão, um rosto abandona-se, some no vapor
d'água de arroz

.

a casa, amá-la como perda

·

penso que a rebelião doméstica em minha poesia pode estar
inteira numa imagem: a da mulher depois do banho

ela com a toalha enrolada como um corno enorme de
rinoceronte posto na cabeça:

coroamento e terror

·

parece que é mesmo um tempo de passagem, o depois-do-ba-
nho, o antes-de-se-vestir. a menina-medusa surge aí também –
cabelo encharcado e recém-tingido de papel crepom. descem-lhe
azuis os ramos pelo pescoço, nuca e costas, colo e seios

em cada palavra dita ergue-se calva a flor de uma língua

do amor conhecerei os despojos

o mar já emagrecido, árido – sal depositado nas virilhas e joelhos, no quadril

conhecerei meu desejo como rastro. como ruína

tornar o amor uma casa

tornar o amor uma casa

erguê-lo como se ergue um lugar, abrigar-se nele

entrar dentro do amor

refugiar-se em suas trincheiras como

os que vêm feridos de morte

os que de súbito entendem que viver é breve –

mas amar é longo

torná-lo tua mão que alcança a minha

a volta a um primeiro ato

de misericórdia

o sangue marcando as ombreiras de nossas portas

tornar o amor um esconderijo de infância

uma fresta na madeira

uma luz tênue

uma ave

tornar o amor uma casa; torná-lo

uma asa

que seja casa, o amor

ainda que amar desabrigue

POSFÁCIO

Evânica: a língua e o mundo
de Mar Becker

Conta o Gênesis que, após criar os céus, os mares e a terra, assim como os animais que andam, voam e nadam, Deus fez com que as criaturas desfilassem diante de Adão, para que o primeiro homem nomeasse as coisas que via – e então, nos diz São Jerônimo (permitam-me este capricho de tradutor, que é seguir a Vulgata), *enim quod vocavit Adam animae viventis ipsum est nomen eius*, "com efeito, assim como Adão as chamou, tal é o nome das criaturas". Só depois disso é que Deus, instilando-lhe a letargia, arranca a Adão a famosa costela e, cobrindo-a de carne, produz Eva – a quem Adão (ainda de acordo com Jerônimo) chama *Virago*, por ser nascida do homem (*vir*).

Ora, o que aconteceria se puséssemos o relato bíblico diante de um espelho – se invertêssemos seus elementos – se trocássemos de lugar *vir* e *Virago* – se imaginássemos uma Eva nascida não do osso adâmico, mas do barro universal, uma Eva encarregada de olhar as coisas e os seres pela primeira vez, com olhos de

135

vaticínio, atribuindo a cada criatura seu verdadeiro nome? Que nomes, que palavras seriam essas? Parece-me que o resultado dessa irrecuperável nomenclatura universal seria algo semelhante à poesia de Mar Becker.

O ato da criação é sempre um mistério; poucos são aqueles capazes de *nomear um mundo*, interpelando o leitor com a sensação imediata do real – naquela confluência difícil de alcançar, em que o real imaginado é tão verossímil quanto o real vivido. Eis aí um elemento talvez negligenciado nas contemporâneas considerações da poesia: o gênio poético é *criador de mundos*, no sentido de que desvela a realidade ao nomeá-la e nos impõe a visão de províncias muitas vezes esquecidas, mas que são simultaneamente estranhas e reconhecíveis. A mente poética ressoa a estranheza do mundo e assim nos permite reconhecer tal estranheza como nossa própria substância – a substância de que são feitos sonhos e pesadelos, memória e aspiração, medo, pertencimento, amor.

A poeta Mar Becker vem criando seu mundo há dois livros: primeiro, em *A mulher submersa*, ela nos franqueou a entrada a este universo onde, fantasticamente, não há diferença entre lírico e épico; e agora, em *Sal*, permite que nos embrenhemos mais profundamente em seus meandros, não apenas prosseguindo a exploração de seus temas e obsessões, como abrindo novas e insuspeitadas veredas.

O mundo de Mar Becker é ao mesmo tempo uno e múltiplo: sentimos em cada verso a emanação de um projeto estético poderosíssimo, e ao mesmo tempo temos a impressão de oscilar constantemente entre distintos universos. O sentimento de coabitação entre esferas da existência às vezes opostas – a vida e a morte, as estações e as dissipações, a rememoração e o desaparecimento, a veemência e a reticência, a infância e a velhice – é efetuado não apenas pelo imbricamento de temas, mas pela própria linguagem, que domina todos os registros necessários à nomeação dessas coisas que devem ser não apenas ditas, mas tornadas perceptíveis; é como se a poeta inventasse sua própria linguagem no instante em que a evoca para dar forma a seu mundo. Não por acaso, em diversos momentos a poeta sublinha o ato de sua própria fala; enuncia sua enunciação; evoca-se como evocadora. À ancestral que foi morta "duas vezes, uma em vida e outra em história", ela proclama:

nomeio-te gárgula
palíndroma

Desde o primeiro contato com a poesia de Mar Becker, impressiona a ausência de tergiversação. A tarefa de dizer é imensa demais para que nela interfira o que não é poesia, o que não é revelação. A linguagem é despudorada, no sentido mais amplo do termo: busca a palavra onde quer que se encontre, sem temer a vertigem. Se, num instante, transforma o substantivo "palíndromo" em adjetivo para qualificar sua ancestral morta e eternamente revivida, em outra passagem declara que

a água é traíra, e a água que se afeiçoa à lentidão mais ainda

"Traíra", nessa acepção, é expressão das mais coloquiais no Rio Grande do Sul: além de significar um peixe de água doce (*Hoplias spp.*), a palavra é usada para indicar alguém de índole traiçoeira e escorregadia. A poeta não tem qualquer pudor em pescar tal sentido, talvez obscuro para muitos, no aluvião da experiência.

Assim como descobre na fundura da linguagem o caminho do exato e do inusitado, Mar Becker vai buscar nos interstícios da vida mínima, no aparentemente desprezível ou indizível, o rescaldo primordial, o retorno do mítico e do místico, o empuxo de mundos adjacentes, ao mesmo tempo Além e Aquém da experiência do agora. E é assim que, na Vila Annes, vemos ressurgir o "sentimento diluvial", expresso do vir à tona, no escorrer dessa água que trai e cria, que dissolve e amolda:

no fim, esse sentimento diluvial era também o que nos conduzia a lavar roupa, porque não dava pra ficar à espera, "não terminará logo". ia então toda a roupa suja acumulada num só dia: bater quatro maquinadas, da manhã à noite, e estender distribuindo uma boa quantidade de peças pela própria casa, já que não havia varal o suficiente

Raras são as vozes poéticas atuais capazes de fazer reviver o sentimento épico na minúcia da vida quotidiana, sem com isso criar um efeito postiço, mas como que invocando uma verdade ao mesmo tempo bruta e delicada nos poros da pele, nos recantos da morada e pontos cegos do mundo. Manifesta-se no catar das lêndeas numa cabeleira espraiada; na laguna recém-aberta na pia, do degelo do coxão mole; na caça às roupas espalhadas pela casa, esses "animais compridos", familiares e estranhíssimos.

Por tudo isso, o sal é signo dessa estética. O sal que existe no mar, na terra e em nós mesmos: elemento que liga, que principia e que encerra. É o mar salgado que liga os continentes, e o céu, quando se despeja sobre os homens, rasgado pela ira divina, produz um fado salino: o sal da mulher de Lot, tornada estátua ao contemplar a conflagração do firmamento contra a terra. O sal está no sangue que escorre dentro e fora das veias; é a verdade e também a miragem. Palavra curta como a dor e o ser, interminável como os grãos dos salares, palavra de parábola que dá gosto à terra e petrifica a carne, que vivifica os mares ao mesmo tempo em que os torna imbebíveis: beber o sal do mar induz à loucura, garantiam os antigos náufragos; talvez induza também à verdade das Sibilas, que profetizam em todas as línguas.

E que língua é esta que lemos em *Sal?* Não é a língua adâmica, pois o relato bíblico entrou aqui espelhado, e a costela voltou ao peito de Adão.

Esta é uma outra língua, a língua de Eva. Eu a nomeio evânica.

José Francisco Botelho